Latein
Lernvokabular

AF177764

Caesar
Bellum Gallicum

von Gottfried Bloch

Ernst Klett Verlag
Stuttgart · Leipzig

1. Auflage   1 10 9 8 7 6 | 29 28 27 26 25

Alle Drucke dieser Auflage sind unverändert und können im Unterricht neben-
einander verwendet werden. Die letzte Zahl bezeichnet das Jahr dieses Druckes.

Redaktion: Anna Kipping

Satz: Thomas Gremmelspacher
Umschlaggestaltung: Jens-Peter Becker, Schwäbisch Gmünd
Druck: AZ Druck und Datentechnik GmbH, Kempten/Allgäu

Printed in Germany
ISBN 978-3-12-629723-3

Vorwort

Was ist das Lernvokabular und wie lernt man damit?

Hättest du gedacht, dass Caesar im *Bellum Gallicum* mehr als 2.500 verschiedene Einzelwörter gebraucht? „Und die soll ich nun alle lernen?", fragst du dich jetzt vielleicht.
Nun, zum Glück kommen mehr als 800 davon nur ein einziges Mal vor – also keine Frage des Lernens!

Andersherum: Wir haben die Wörter herausgesucht, die mehr als 50 Mal vorkommen. Es sind rund 140. Die sollte man auf jeden Fall gut kennen. Das ist unser **Basiswortschatz**. Wenn du den hier durchliest, wirst du merken, dass dir diese Wörter fast alle schon bekannt sind. Aber auch, wenn sie dir später fast täglich in den Texten begegnen: Wiederholen solltest du sie!

Die nächste Gruppe ist der eigentliche **Lernwortschatz**. Diese etwa 360 Wörter kommen in den Texten zwischen 15 und 49 Mal vor. Und mit den 500 Wörtern der beiden ersten Gruppen zusammen erschließen sich dir bereits mehr als 80 % eines durchschnittlichen Textstückes.

Mit Hilfe des **Ergänzungswortschatzes** (Häufigkeit 11–14 Mal) kannst du dann fast 90 % aller Wörter eines Textes verstehen. Da fehlen dir dann gerade einmal 1–2 Wörter pro Textzeile.

Also: Lernen lohnt sich immer – aber das Lernen des Wichtigsten lohnt sich besonders!

Zum Wort selbst gehören die **Grundinformationen** zu Deklination und Konjugation (Wortstämme, Stammformen). Nur damit erkennst du die Funktion eines Wortes im Text. Zur größeren Sicherheit solltest du immer mal wieder Deklinations- und Konjugationsreihen zu den einzelnen Wörtern üben.

Schwieriger ist dann die **Übersetzung** des Wortes im Textzusammenhang. Dazu haben wir die wichtigsten Bedeutungsfelder eines Wortes herausgesucht; diese Bedeutungen sind dann in der Reihenfolge genannt, in der sie am häufigsten vorkommen. Zum Beispiel kennst du für *causa* die Bedeutung *Ursache, Grund*. Aber Caesar verwendet das Wort häufiger neutral, als *Sache*. Und manchmal findest du eine scheinbar ganz andere Bedeutung angegeben als die, die du von früher kennst. Das ist dann entweder eine Erweiterung des Bedeutungsbereichs (z. B. *labor* nicht nur *Arbeit*, sondern jede *anstrengende Tätigkeit*) oder die Modernisierung eines etwas altertümlichen Begriffs (z. B. *potiri* – *in Besitz nehmen* statt *sich bemächtigen*).

Zu einigen Vokabeln sind **Kurzsätze** hinzugefügt. Sie zeigen z. B. einen Zusammenhang, der dir bei der Entscheidung zwischen den Bedeutungen hilft. Oder sie lassen Besonderheiten im Gebrauch des Wortes erkennen (z. B., dass *sequi* mit Akkusativ steht). Oder sie erinnern an schwierige Formen (z. B. bei *tollere* an *sublatus*). Es lohnt sich sehr, diese Sätzchen zu analysieren: Es ist nämlich alles originaler Caesar-Text, nur etwas gekürzt. Und die

Sätze bestehen nur aus den Wörtern, die im Lernvokabular auftauchen. So übst du die Wörter und sparst dir zugleich die Mühe, anderswo nachzuschlagen.

Das **Repertorium** (die Such- und Findeliste) ganz am Ende des Lernvokabulars zeigt dir, in welchem Abschnitt ein Wort auftaucht: **Fett**-, Normal- und *Kursiv*druck verweisen auf Basiswortschatz, Lernwortschatz und Ergänzungswortschatz.

Nun hoffen wir, dass du von unserem Lernvokabular profitierst und leicht (oder wenigstens leichter und schneller) das lesen kannst, was uns Caesar in seinem *Bellum Gallicum* berichtet.

Viel Erfolg!

Online-Code
629723-0001

Zugang zur virtuellen Vokabelkartei

Im Internet findest du die Software für die virtuelle Vokabelkartei zu Caesars *Bellum Gallicum*. Einfach auf **www.klett.de** gehen und den Online-Code **629723-0001** in das Suchfeld eingeben.

Basiswortschatz

A

ā / ab	von, von … her
accipere, -iō, -cēpī, -ceptum	1. empfangen 2. erfahren
Galli calamitatem acceperunt.	Die Gallier erlitten eine Niederlage.
ad	1. zu 2. in der Nähe von
ager, -grī *m.*	1. Feld 2. Land, Gebiet
alius, alia, aliud	ein anderer
animus, -ī *m.*	Inneres: Geist, Herz, Mut
Caesar principum animos verbis confirmavit.	Caesar sprach den Führern Mut zu.
Hostibus in animo erat iter per provinciam facere.	Die Feinde hatten vor, durch die Provinz zu ziehen.
ante	1. vor 2. vorher
… paucis diebus ante …	… wenige Tage zuvor …
arma, -ōrum *n. Pl.*	Waffen
atque / ac	1. und 2. wie, als (*z. B.* alius atque)
Morinī longe alia ratione atque reliqui Galli bellum gerunt.	Die Moriner führen den Krieg auf eine völlig andere Weise als die übrigen Gallier.
aut	oder
aut … aut …	entweder … oder …
auxilium, -iī *n.*	1. Hilfe 2. *Plur.* Hilfstruppen
Helvetii suis auxilium ferre non poterant.	Die Helvetier konnten ihren Leuten nicht helfen.

B

bellum, -ī *n.*	Krieg

C

capere, -iō, cēpī, captum	1. **fassen** 2. **ergreifen** 3. **einnehmen**
Legatus consilium capere cogitur.	Der General sieht sich zu einer Entscheidung gezwungen.
Loco castris idoneo capto …	Nachdem er (Caesar) einen für ein Lager geeigneten Punkt besetzt hatte, …
castra, -ōrum *n. Pl.*	**Lager**
Caesar de tertia vigilia e castris profectus est.	Caesar verließ das Lager etwa um die Zeit der dritten Nachtwache.
causa, -ae *f.*	1. **Sache** 2. **Ursache, Grund**
Multis de causis Caesar Rhenum transiit.	Aus vielen Gründen überquerte Caesar den Rhein.
causā	**wegen**
Sabinus auxilii ferendi causa ad Caesarem proficiscitur.	Sabinus bricht zu Caesar auf, um ihm Hilfe zu bringen.
celeriter	**schnell**
Caesar celerius omnium opinione venit.	Caesar kam schneller, als alle gedacht hatten.
circiter	**ungefähr**
cīvitās, -ātis *f.*	**Staat, Volk**
coepī	**ich habe begonnen**
Boii nostros circumvenire coeperunt.	Die Boier begannen, unsere Truppen einzuschließen.
cōgere, coēgī, coāctum	1. **sammeln** 2. **zwingen**
Suēbi omnes in unum locum copias coegerunt.	Die Sueben sammelten sämtliche Truppen an einem einzigen Ort.

cōgnōscere, cognōvī, cognitum	1. erkennen 2. erfahren
Caesar ex captivis cognovit, quo in loco hostium copiae consedissent.	Caesar erfuhr von den Gefangenen, wo sich die feindlichen Truppen niedergelassen hatten.
complūrēs, -a; *Gen.* -ium	mehrere
cōnficere, -iō, -fēcī, -fectum	fertigmachen: 1. erledigen, beenden 2. schwächen
Omni hoc itinere una nocte confecto …	Nachdem sie die gesamte Strecke in einer einzigen Nacht zurückgelegt hatten …
Ad eas res conficiendas Orgētorix deligitur.	Um dies zu erledigen, wird Orgetorix ausgesucht.
cōnsilium, -iī *n.*	1. Plan 2. Rat 3. Beschluss
Haeduī nihil publico factum consilio demonstrant.	Die Häduer legen dar, dass nichts davon auf einen offiziellen Beschluss hin geschehen sei.
cōnstituere, -tuī, -tūtum	1. aufstellen 2. festlegen
Caesar reliquas legiones in acie pro castris constituit.	Caesar stellte die übrigen Legionen kampfbereit außerhalb des Lagers auf.
Principes diem concilio constituerunt.	Die Führer legten einen Termin für die Zusammenkunft fest.
contendere, -tendī, -tentum	1. eilen 2. kämpfen
Huc magno cursu Galli contenderunt.	Hierher rannten die Gallier mit hohem Tempo.
Ariovistus proelio contendere vult.	Ariovist will kämpfen.
convenīre, -vēnī, -ventum	zusammenkommen
cōpia, -ae *f.*	1. Menge 2. *Plur.* Truppen

cum *(Konjunktion)*	I. *(mit Ind.)* 1. als 2. wenn II. *(mit Konj.)* 1. als 2. weil 3. obwohl 4. wogegen, während
cum *(Präposition)*	mit

D

dare, dō, dedī, datum	geben
dē	1. von (… herab) 2. über 3. in Beziehung auf
dīcere, dīxī, dictum	sagen
diēs, diēī *m. / f.*	1. *(m.)* Tag 2. *(f.)* Termin
duo, duae, duo	zwei

E

eō	1. dorthin 2. *(mit Komparativ)* desto, umso
Eo magis perterrentur milites.	Umso mehr erschrecken die Legionäre.
eques, equitis *m.*	Reiter
equitātus, -ūs *m.*	Reiterei
esse, sum, fuī	sein
et	und
et … et …	sowohl … als auch …
etiam	1. auch 2. *(mit Komp.)* noch 3. sogar
Multo etiam gravius …	Noch viel schwerer …
Drūides nonnumquam *(manchmal)* etiam armis de principatu contendunt.	Die Druiden kämpfen manchmal sogar mit Waffen um die Führung.

ē / ex	1. aus 2. aufgrund (von)
Is locus ne ex calamitate populi Romani nomen capiat!	Dieser Ort soll keine Berühmtheit erlangen aufgrund einer Niederlage Roms!
exercitus, -ūs *m.*	**Heer**
exīstimāre, -vī, -tum	**glauben**

F

facere, -iō, fēcī, factum	1. tun, handeln 2. machen
ferre, ferō, tulī, lātum	1. tragen, bringen 2. ertragen
Reliqui suis auxilium ferre non potuerunt.	Die Übrigen konnten ihren Leuten nicht helfen.
fierī, fīō	1. geschehen 2. gemacht werden
Caesar, quid fieri velit, ostendit.	Caesar zeigt, was getan werden soll.
fīnis, -is *m.*	1. Ende 2. Grenze 3. *Plur.* Gebiet
Santonī non longe a Tolosātium finibus absunt.	Die Santonen befinden sich nicht weit vom Gebiet der Tolosaten.
flūmen, -minis *n.*	**Fluss**
frūmentum, -ī *n.*	**Getreide**
fuga, -ae *f.*	**Flucht**

G

[**gerere**, gessī, gestum] **gerī** *(pass.)*	geschehen
His rebus gestis …	Nach diesen Ereignissen …
bellum gerere	Krieg führen

H

habēre, -uī, -itum	**haben**

hic, haec, hoc	dieser
homō, -minis *m.*	Mensch
hostis, -is *m.*	Feind

I

iam	1. schon 2. *(negativ)* **mehr** *(z.B. non iam)*
Helvetii principatum Galliae obtinere non iam possunt.	Die Helvetier können ihre führende Stellung in Gallien nicht mehr behaupten.
ibī	dort
īdem, eadem, idem	derselbe
ille, illa, illud	jener
imperāre, -vī, -tum	1. **befehlen** 2. **anfordern**
Caesar provinciae magnum militum numerum imperat.	Caesar fordert von der Provinz, eine große Anzahl von Soldaten zu stellen.
imperium, -iī *n.*	Herrschaft: 1. **Herrschaftsgewalt** 2. **Herrschaftsbereich**
in	I. *(mit Akk.)* 1. **in** (hinein) 2. **nach** *(örtlich)* 3. **gegen** II. *(mit Abl.)* 1. **in** 2. **auf** 3. **bei**
inter	zwischen, unter
interficere, -iō, -fēcī, -fectum	töten
ipse, ipsa, ipsum	selbst: 1. **persönlich** 2. **gerade** 3. **schon**
is, ea, id	1. **dieser** 2. **der** *(z.B. is, quī)* 3. **er**
iter, itineris *n.*	1. **Weg** 2. **Marsch**
Erant omnino itinera duo.	Es gab insgesamt zwei Routen.

iubēre, iussī, iussum	befehlen

L

lēgātus, -ī *m.*	1. Gesandter 2. Legat *(Stellvertreter des Oberbefehlshabers)*
legiō, -ōnis *f.*	Legion
locus, -ī *m.*	1. Platz, Ort, Gelände 2. *(milit.)* Stellung
longē Apud Helvetios longe nobilissimus fuit Orgetorix.	1. weit 2. bei weitem Bei den Helvetiern war Orgetorix der weitaus Angesehenste.

M

māgnus, -a, -um *Komp.* māior; *Superl.* maximus	groß
mīles, -litis *m.*	Soldat
mīlle *Pl.* mīlia	tausend
mittere, mīsī, missum	schicken
multī, -ae, -a *Komp.* plūrēs; *Superl.* plūrimī	viele
multum *Komp.* plūs; *Superl.* plūrimum	viel
mūnītio, -ōnis *f.*	Befestigungsanlage

N

nāvis, -is *f.*	Schiff
nē	dass nicht, damit nicht
neque / nec	1. und nicht 2. aber nicht 3. auch nicht
nōn	nicht

noster, nostra, nostrum	unser
nostrī	unsere Leute
nox, noctis *f.*	Nacht
nūllus, -a, -um	kein
numerus, -ī *m.*	Zahl
Helvetii oppida sua omnia, numero ad duodecim, incendunt.	Die Helvetier stecken ihre sämtlichen Städte – etwa zwölf! – in Brand.

O

obsidēs, -um *m. Pl.*	Geiseln
omnis, -e	1. ganz 2. jeder 3. *Plur.* alle

P

pars, partis *f.*	1. Teil 2. Seite
Ex omnibus partibus tela coniciuntur.	Von allen Seiten fliegen Geschosse.
passus, -ūs *m.*	Schritt
Hostes sub monte consederunt milia passuum a Caesaris castris octo.	Die Feinde setzten sich am Fuß eines Berges fest, acht Meilen von Caesars Lager entfernt.
paulum / **paulō**	ein wenig
per	durch
perīculum, -ī *n.*	Gefahr
pervenīre, -vēnī, -ventum	hinkommen
petere, -tīvī, -tītum	1. zu erreichen suchen 2. holen 3. bitten
Milites commeatus petendi causa aberant.	Die Soldaten waren weg, um Nachschub zu holen.
Legati pacem atque amicitiam petunt.	Die Gesandten bitten um einen Friedens- und Freundschaftsvertrag.

populus, -ī *m.*	Volk
posse, possum, potuī	1. können 2. Bedeutung haben (*z.B.* multum)
praesidium, -iī *n.*	1. Schutz, Bewachung 2. *Plur.* Wachtposten
Caesar eo opere perfecto praesidia disponit.	Nach Errichtung dieser Sperranlage verteilt Caesar dort Posten.
prīnceps, -cipis *m.*	1. der erste 2. führende Persönlichkeit
Princeps decima legio Caesari gratias egit.	Als erste bedankte sich bei Caesar die zehnte Legion.
prior, prius	der frühere
prius	früher
prīmus, -a, -um	der erste
prīmum, prīmō	zuerst
prō	1. für 2. anstatt 3. entsprechend
Helvetii pro multitudine hominum angustos se fines habere arbitrabantur.	Die Helvetier meinten, im Verhältnis zur Bevölkerungszahl hätten sie ein zu eng begrenztes Gebiet.
proelium, -iī *n.*	Kampf
proficīscī, -fectus sum	aufbrechen
prohibēre, -uī, -itum	1. hindern 2. verhindern 3. fernhalten
Ceutrones locis superioribus occupatis itinere exercitum prohibere conantur.	Die Ceutronen besetzen höhere Geländepunkte und versuchen so, das römische Heer am Durchziehen zu hindern.
propter	wegen
proximus, -a, -um	der nächste
proximē	kürzlich

pūgnāre, -vī, -tum	kämpfen

Q

quam Caesar quam maximis potest itineribus in Galliam ulteriorem contendit.	1. *(nach Komp.)* als 2. *(mit Superl.)* möglichst Caesar eilt in möglichst großen Etappen ins jenseitige Gallien.
-que	und
quī, quae, quod	*(Relativpron.)* welcher, der
quis, quid *(subst.)* **quī**, quae, quod *(adj.)*	1. *(Fragepron.)* wer (was) 2. *(unbest. Pron.)* jemand (etwas) 1. *(Fragepron.)* welcher 2. *(unbest. Pron.)* irgendein
quod	1. weil 2. dass 3. was das betrifft, dass

R

recipere, -iō, -cēpī, -ceptum sē recipere	aufnehmen sich zurückziehen
relinquere, -līquī, -lictum	1. zurücklassen 2. verlassen
reliquus, -a, -um	übrig
rēs, reī *f.*	Sache

S

sed	aber; („*nicht …*") sondern
sī Paludem si nostri transirent, hostes exspectabant.	1. wenn 2. ob Die Feinde warteten ab, ob unsere Leute den Sumpf überquerten.
silva, -ae *f.*	Wald
spēs, speī *f.*	Hoffnung

suī, sibi, sē	seiner, sich
summus, -a, -um	1. der höchste 2. oben (z. B. in summo colle)
superior, -ius	1. höher 2. früher
Caesar coactus est aliter (anders) ac superioribus annis exercitum in hibernis collocare.	Caesar sah sich gezwungen, das Heer auf andere Weise als in den früheren Jahren im Winterlager unterzubringen.
suus, -a, -um	sein, ihr

T

tamen	1. jedoch 2. trotzdem
tantus, -a, -um	so groß
tempus, -poris n.	Zeit
tenēre, -uī, tentum	1. haben, festhalten 2. besetzt halten
tōtus, -a, -um	ganz
trānsīre, -eō, -iī,-itum	1. hinübergehen 2. überschreiten

U

ubi	1. wo 2. sobald; als
ūnus, -a, -um	einer, ein
ut	1. wie 2. dass; damit
ūtī, ūsus sum	gebrauchen

V

velle, volō, voluī	wollen
venīre, vēnī, ventum	kommen
vidēre, vīdī, vīsum	sehen
vidērī	scheinen
Alesia expugnari non posse videtur.	Alesia scheint nicht erobert werden zu können.
virtūs, -ūtis f.	Tapferkeit

Lernwortschatz

Die 360 wichtigsten Lernwörter

A

abesse, absum, āfuī	entfernt sein
Caesar ab oppido X milia passuum aberat.	Caesar war von der Stadt zehn Meilen entfernt.
accēdere, -cessī, -cessum	herankommen
accēdit	es kommt hinzu
Accessit etiam, quod equitatus Gallorum se in fines Sugambrorum receperat.	Hinzu kam noch, dass sich die Reiterei der Gallier in das Gebiet der Sugambrer zurückgezogen hatte.
accidere, accidī	geschehen
Praeterea accidit, ut milites ab signis discederent.	Es passierte außerdem, dass sich die Soldaten von ihren Einheiten entfernten.
aciēs, -ēī *f.*	1. Schlachtordnung 2. Heeresgruppe, Heer *(in der Schlacht)*
Caesar legiones in acie pro castris constituit.	Caesar stellte die Legionen schlachtbereit außerhalb des Lagers auf.
Caesar aciem constitui iussit.	Caesar gab den Befehl, das Heer zur Schlacht zu ordnen.
ācriter	heftig
addūcere, -dūxī, -ductum	bringen →
adductus	*(„Stützpartizip")* „veranlasst"

Helvetii omnium rerum inopia adducti legatos ad Caesarem miserunt.	Die Helvetier schickten – aus Mangel an allem und jedem – Unterhändler zu Caesar.
adīre, adeō, adiī, aditum	hingehen
aditus, -ūs *m*.	Zugang
administrāre, -vī, -tum	durchführen, organisieren
His rebus celeriter administratis …	Nachdem dies alles schnell geregelt war, …
adorīrī, -ortus sum	angreifen
Cassivellaunus principibus imperat, ut castra adoriantur.	Cassivellaunus befiehlt den Führern, das Lager anzugreifen.
adulēscēns, -entis *m*.	1. jung 2. junger Mann
adventus, -ūs *m*.	Ankunft
aedificium, -iī *n*.	Gehöft
aequus, -a, -um	1. eben 2. gleich 3. günstig 4. gerecht
Caesar aequo loco dimicandum existimabat.	Caesar hielt es für richtig, in ebenem Gelände zu kämpfen.
aequō animō	gleichgültig, gelassen
afferre, afferō, attulī, allātum	bringen
Nuntio de victoria allato …	Nachdem die Siegesnachricht überbracht worden war, …
agere, ēgī, āctum	1. tun 2. verhandeln
Legatus ita cum Caesare egit: …	Der Gesandte verhandelte mit Caesar wie folgt: …
agger, -eris *m*.	Erde, Erdwall
Milites aggere iter munire conabantur.	Die Soldaten versuchten, mit Anhäufung von Erde einen befestigten Weg anzulegen.

agmen, -minis *n.*	Heer *(auf dem Marsch)*
aliquis, aliquid *(subst.)* **aliquī**, -quae, -quod *(adj.)*	irgendjemand, -einer (-etwas) irgendein (-eine)
alter, -era, -erum	1. der andere 2. der zweite
alter … alter …	der eine … der andere …
altitūdō, -dinis *f.*	1. Höhe 2. Tiefe
amīcitia, -ae *f.*	Freundschaft
āmittere, āmīsī, āmissum	verlieren
amplius	mehr
Caesar ab oppido non amplius V milibus passuum aberat.	Caesar war von der Stadt nicht mehr als fünf Meilen entfernt.
animadvertere, -vertī, -versum	bemerken
annus, -ī *m.*	Jahr
apertus, -a, -um	1. offen 2. ungeschützt
Hostes ab latere aperto tela in nostros coniciebant.	Die Feinde beschossen unsere Leute von deren ungeschützter Seite her.
appellāre, -vī, -tum	1. ansprechen 2. nennen
appropinquāre, -vī	sich nähern
apud	bei
arbitrārī, -tus sum	meinen
Caesar bellum celeriter confici posse arbitrabatur.	Caesar meinte, der Krieg lasse sich schnell zu Ende bringen.
armāre, -vī, -tum	bewaffnen
at	aber
auctōritās, -ātis *f.*	Ansehen
audēre, ausus sum	wagen
Romani dimicare non ausi se in castra receperunt.	Weil die Römer nicht zu kämpfen wagten, zogen sie sich ins Lager zurück.

audīre, -vī, -tum	hören
Hac audita pugna maxima pars Aquitaniae sese Crasso dedidit.	Nachdem man von dieser Schlacht gehört hatte, kapitulierte der größte Teil Aquitaniens vor Crassus.
augēre, auxī, auctum	vergrößern
Hostium copiae augebantur.	Die Truppen der Feinde nahmen zu.
autem	aber

B

barbarus, -a, -um	1. unkultiviert 2. der Fremde (= Nicht-Römer)
beneficium, -iī *n.*	1. Wohltat 2. das Verdienst
Ambiorix pro Caesaris in se beneficiis gratiam rettulit.	Ambiorix dankte für die Leistungen Caesars ihm gegenüber.
bonus, -a, -um *Komp.* melior; *Superl.* optimus; *Adv.* bene	gut

C

captīvus, -ī *m.*	Gefangener
castellum, -ī *n.*	kleine Befestigungsanlage
cāsus, -ūs *m.*	Ereignis, Situation
cāsū	zufälligerweise
Sive casu sive consilio deorum …	Sei es zufälligerweise, sei es durch göttlichen Plan …
celeritās, -ātis *f.*	Schnelligkeit
centuriō, -ōnis *m.*	Hauptmann, Zenturio

certus, -a, -um	bestimmt
certiōrem facere	benachrichtigen
De Caesaris adventu Helvetii certiores facti sunt.	Die Helvetier wurden über Caesars Ankunft informiert.
circumvenīre, -vēnī, -ventum	umzingeln
clāmor, -ōris *m.*	Geschrei
cohors, -rtis *f.*	Kohorte
cohortārī, -tus sum	1. auffordern 2. Mut machen
Caesar cohortatus suos proelium commisit.	Caesar machte seinen Leuten Mut und ließ den Kampf beginnen.
collis, -is *m.*	Anhöhe
collocāre, -vī, -tum	aufstellen
colloquium, -iī *n.*	Gespräch; Verhandlung
commeātus, -ūs *m.*	1. Nachschub 2. Versorgungsgüter
Ariovistus castra fecit eo consilio, ut frumento commeatuque Caesarem intercluderet.	Ariovist errichtete das Lager in der Absicht, Caesar von der Versorgung mit Getreide und anderen Gütern abzuschneiden.
committere, -mīsī, -missum	zulassen, aktiv geschehen lassen
Non commisit, ut quisquam murum ascenderet.	Er ließ niemanden die Mauer ersteigen.
proelium committere	den Kampf beginnen
Caesar proelii committendi signum dedit.	Caesar gab das Signal zum Kampfbeginn.
commodus, -a, -um	zweckmäßig
commodum, -ī *n.*	Nutzen, Interesse
commūnis, -e	gemeinsam
comparāre, -vī, -tum	bereitstellen, regeln
complēre, -vī, -tum	anfüllen

cōnārī, -tus sum	versuchen
Helvetii id, quod constituerant, facere conantur.	Die Helvetier versuchten, das, was sie sich vorgenommen hatten, durchzuführen.
concilium, -iī *n.*	Versammlung
condiciō, -ōnis *f.*	1. Bedingung 2. Schicksal
cōnferre, -ferō, -tulī, collātum	zusammenbringen
sē cōnferre	sich *(irgendwohin)* begeben
Helvetii ad impedimenta se contulerunt.	Die Helvetier begaben sich zu ihrem Gepäcklagerplatz.
cōnfīdere, -fīsus sum	vertrauen
Hostes in perpetuum se fore victores confidebant.	Die Feinde vertrauten darauf, auf immer und ewig siegreich zu sein.
cōnfīrmāre, -vī, -tum	1. versichern 2. verstärken 3. ermutigen
Dumnorix se suosque in officio futuros confirmavit.	Dumnorix versicherte, er und seine Leute würden ihre Verpflichtungen einhalten.
Caesar Gallorum animos verbis confirmavit.	Caesar flößte den Galliern Mut mit seinen Worten ein.
conicere, -iō, -iēcī, -iectum	werfen
coniungere, -iūnxī, -iūnctum	verbinden
cōnsequī, -secūtus sum	1. verfolgen 2. erreichen
Reliquos omnes consecuti nostri equites interfecerunt.	Unsere Reiter verfolgten alle Übrigen und töteten sie.
cōnsīdere, -sēdī, -sessum	sich niederlassen
cōnsistere, -stitī	stehen bleiben
cōnspectus, -ūs *m.*	1. Anblick 2. Sichtweite
Hostes in conspectum agminis nostri venerunt.	Die Feinde kamen in Sichtweite unseres Heereszuges.

cōnspicere, -iō, -spexī, -spectum	erblicken
cōnsuētūdō, -dinis *f.*	Gewohnheit
cōnsuēvī	ich bin gewohnt
Helvetii obsides accipere, non dare consueverunt.	Die Helvetier sind es gewohnt, Geiseln gestellt zu bekommen, nicht zu stellen.
continēns, -entis *f.*	1. ununterbrochen 2. Festland
continēre, -uī, -tentum	halten, festhalten
Atuatuci oppido se continebant.	Die Atuatucer hielten sich in ihrer Stadt auf.
contrā	1. gegen 2. dagegen
convocāre, -vī, -tum	zusammenrufen

D

decem	zehn
decimus, -a, -um	der zehnte
dēdere, dēdidī, dēditum	ausliefern
Ambituci se suaque omnia dediderunt.	Die Ambianer lieferten sich und all ihr Hab und Gut aus.
dēditiō, -ōnis *f.*	Kapitulation
dēdūcere, -dūxī, -ductum	1. wegführen 2. hinbringen
Legati rem in summum periculum deducunt.	Die Legaten bringen alles in eine höchst riskante Lage.
dēfendere, -fendī, -fēnsum	verteidigen
dēferre, dēferō, dētulī, dēlātum	1. hinbringen 2. mitteilen
Haec per exploratores ad hostes deferuntur.	Dies alles wird durch Kundschafter der feindlichen Seite mitgeteilt.
dēicere, -iō, -iēcī, -iectum	herabwerfen
dēligere, -lēgī, -lectum	auswählen
dēmōnstrāre, -vī, -tum	darlegen

dēspērāre, -vī, -tum	die Hoffnung aufgeben
Dumnorix de regno desperat.	Dumnorix gibt die Hoffnung, König zu werden, auf.
dīmicāre, -vī, -tum	kämpfen
dīmittere, -mīsī, -missum	wegschicken
discēdere, -cessī, -cessum	weggehen
dispōnere, -posuī, -positum	verteilt aufstellen
diū *Komp.* diūtius	lange
dīvidere, -vīsī, -vīsum	1. trennen 2. teilen
Rhenus agrum Helvetium a Germanis dividit.	Der Rhein trennt das helvetische Territorium von den Germanen.
Caesar exercitum in duas partes divisit.	Caesar teilte das Heer in zwei Teile auf.
docēre, -uī, -tum	darlegen
domus, -ūs *f.*	Haus
dūcere, dūxī, ductum	1. führen 2. meinen, (für etw.) halten
Principes Britanniae optimum esse duxerunt commeatu nostros prohibere.	Die führenden Männer Britanniens hielten es für das Beste, unsere Leute von der Versorgung abzuschneiden.
dum	1. *(mit Ind.)* während 2. *(mit Konj.)* bis, damit inzwischen
Caesar dum reliquae naves eo convenirent exspectavit.	Caesar wartete darauf, dass die restlichen Schiffe dort zusammenkämen.
dux, ducis *m.*	Anführer

E

ēdūcere, ēdūxī, ēductum	herausführen
efficere, -iō, -fēcī, -fectum	bewirken, erreichen

ēgredī, -ior, ēgressus sum	hinausgehen
Volusēnus navi egredi non audebat.	Volusenus wagte nicht, das Schiff zu verlassen.
enim	nämlich
equus, -ī *m.*	Pferd
ēruptiō, -ōnis *f.*	Ausbruch
etsī	obgleich
ēvocāre, -vī, -tum	1. herausrufen 2. kommen lassen
Caesar principibus Galliae evocatis bellum cum Germanis gerere constituit.	Caesar ließ die führenden Persönlichkeiten Galliens zu sich kommen und entschied, gegen die Germanen Krieg zu führen.
excēdere, -cessī, -cessum	sich entfernen
Sugambri finibus suis excesserant.	Die Sugambrer hatten ihr Territorium verlassen.
expedītus, -a, -um	1. unbehindert 2. einsatzbereit
Caesar ipse cum legionibus expeditis quattuor in fines Treverorum proficiscitur.	Caesar persönlich bricht mit vier einsatzbereiten Legionen in das Gebiet der Treverer auf.
expellere, expulī, expulsum	vertreiben
explōrātor, -ōris *m.*	Kundschafter
exspectāre, -vī, -tum	1. abwarten 2. erwarten
Crassus, quid hostes consilii caperent, exspectabat.	Crassus wartete ab, was die Feinde für einen Plan fassen würden.
Caesar non exspectandum sibi statuit, dum in Santonos Helvetii pervenirent.	Caesar glaubte, nicht warten zu dürfen, bis die Helvetier das Gebiet der Santonen erreichten.
Caesar Helvetios in eo loco suum adventum exspectare iussit.	Caesar gab den Helvetiern den Befehl, dort auf seine Ankunft zu warten.

extrēmus, -a, -um	1. der äußerste 2. der letzte

F

facile	leicht
facultās, -ātis f.	Möglichkeit
ferē	1. fast 2. etwa 3. im Allgemeinen
Homines fere libenter *(gern)* id, quod volunt, credunt.	Menschen glauben im Allgemeinen gern das, was sie wollen.
fidēs, -eī f.	1. Treue 2. Vertrauen 3. Zuverlässigkeit 4. Schutz
Caesar Diviciāci egregiam *(hervorragend)* fidem cognoverat.	Caesar kannte die hervorragende Zuverlässigkeit des Diviciacus.
Caesar Valerio summam omnium rerum fidem habebat.	Caesar hatte zu Valerius höchstes Vertrauen in allen Bereichen.
Obsidibus acceptis Caesar Morīnos in fidem recepit.	Nachdem Caesar Geiseln bekommen hatte, stellte er die Moriner unter seinen Schutz.
finitimus, -a, -um	1. benachbart 2. Nachbar
Dumnorix apud finitimas civitates plurimum potest.	Dumnorix hat bei den Nachbarvölkern sehr großen Einfluss.
Helvetii minus facile finitimis bellum inferre poterant.	Die Helvetier konnten ihre Nachbarn weniger leicht angreifen.
fortis, -e	tapfer
fortūna, -ae f.	1. Schicksal 2. Glück 3. *Plur.* Besitz
Omnibus fortunis sociorum consumptis ...	Nachdem sämtliches Vermögen der Verbündeten aufgebraucht war, ...
fossa, -ae f.	Graben
frāter, -tris m.	Bruder

frūmentārius, -a, -um	das Getreide betreffend
rēs frūmentāria	Proviant, Lebensmittel-versorgung
Re frumentaria quam celerrime comparata …	Nachdem die Lebensmittel-versorgung möglichst schnell geregelt worden war, …
fugere, -iō, fūgī, fugitum	fliehen

G

genus, generis *n.*	Art
grātia, -ae *f.*	1. Ansehen 2. Dank
Iccius, summa nobilitate et gratia inter suos, nuntios ad Caesarem mittit.	Iccius, ein Mann von höchstem Adel und Ansehen in seinem Volk, schickt Boten zu Caesar.
Decima legio Caesari gratias egit.	Die zehnte Legion dankte Caesar.
gravis, -e	1. schwer 2. ernst
Diviciācus a Caesare petere coepit, ne quid gravius in fratrem statueret.	Diviciacus begann Caesar darum zu bitten, er möge keine zu schlimmen Maß-nahmen gegen seinen Bruder treffen.

H

hīberna, -ōrum *n. Pl.*	Winterlager
hiemāre, -vī, -tum	überwintern
hiems, -mis *f.*	Winter
hōra, -ae *f.*	Stunde
hortārī, -tus sum	auffordern
Vercingetorix Arvernos hortatur, ut communis libertatis causa arma capiant.	Vercingetorix fordert die Arverner auf, um der gemeinsamen Freiheit willen zu den Waffen zu greifen.

hūc	hierher

I

idōneus, -a, -um	geeignet
impedīmenta, -ōrum *n. Pl.*	Gepäck
impedīre, -vī, -tum	1. behindern 2. *pass.* in Schwierigkeiten sein
imperātor, -ōris *m.*	Oberbefehlshaber
impetrāre, -vī, -tum	durchsetzen
Dumnorix a Sequanis impetrat, ut per fines suos Helvetios ire patiantur.	Dumnorix erreicht bei den Sequanern, die Helvetier durch ihr Gebiet ziehen zu lassen.
impetus, -ūs *m.*	Angriff, Ansturm
incendere, -cendī, -cēnsum	anzünden
incitāre, -vī, -tum	antreiben
incolumis, -e	wohlbehalten, ohne Verluste
Nostri incolumes se in castra receperunt.	Unsere Leute zogen sich ohne Verluste ins Lager zurück.
inde	von dort
īnferior, -ius *Superl.* īnfimus	der untere
īnferre, īnferō, intulī, illātum	1. bringen 2. zufügen
Caesar Atuatucorum finitimis imperavit, ne quam iis iniuriam inferrent.	Caesar befahl den Nachbarn der Atuatucer, ihnen kein Unrecht zu tun.
bellum īnferre	den Krieg beginnen
sīgna īnferre	angreifen
inīquus, -a, -um	1. uneben 2. ungleich 3. ungünstig 4. ungerecht

inīre, ineō, iniī, initum	**beginnen**
Inita hieme …	Nach Winteranfang …
cōnsilium inīre	einen Plan fassen
initium, -iī *n.*	**Anfang**
iniūria, -ae *f.*	**Unrecht; Ungerechtigkeit**
Ariovistum finem iniuriis facturum Caesar sperat.	Caesar hofft, Ariovist werde mit den Ungerechtigkeiten aufhören.
inopia, -ae *f.*	**Mangel**
īnsequī, īnsecūtus sum	1. folgen 2. verfolgen
Helvetii nostros insequi coeperunt.	Die Helvetier begannen, unseren Leuten zu folgen.
Caesar equitatum ad eum insequendum mittit.	Caesar schickte eine Reitertruppe, ihn zu verfolgen.
īnstituere, -tuī, -tūtum	1. einrichten 2. anfangen
Caesar facere pontem instituit.	Caesar begann, eine Brücke zu bauen.
īnstruere, -strūxī, -strūctum	**aufstellen**
Acie instructa …	Nachdem das Heer zur Schlacht aufgestellt worden war, …
īnsula, -ae *f.*	**Insel**
intellegere, -lēxī, -lēctum	**merken**
interim	**inzwischen**
intermittere, -mīsī, -missum	1. unterbrechen 2. dazwischentreten lassen *(Zeit, Raum)*
Itinere intermisso …	Nachdem der Marsch unterbrochen worden war, …
Caesar brevi tempore intermisso in castra legiones reduxit.	Caesar ließ eine kurze Weile verstreichen und führte dann die Legionen ins Lager zurück.
intrā	**innerhalb**

īre, eō, iī, itum	gehen
ita	so
itaque	daher
item	ebenso
iūdicāre, -vī, -tum	1. entscheiden 2. meinen
In utram (*welcher*) partem flumen fluat (*fließen*), iudicari non potest.	In welche Richtung der Fluss fließt, lässt sich nicht entscheiden.
Haedui Noviodūnum ab se teneri non posse iudicabant.	Die Häduer meinten, Noviodunum könne von ihnen nicht gehalten werden.
iūs, iūris *n.*	Recht
iūs iūrandum	Eid

L

labor, -ōris *m.*	1. anstrengende Tätigkeit 2. Anstrengung
Milites diutius laborem ferre non possunt.	Die Soldaten können die Anstrengung nicht länger ertragen.
lātus, -a, -um	1. breit 2. weit
latus, lateris *n.*	Seite
lēgātiō, -ōnis *f.*	Gesandtschaft
līberī, -ōrum *m. Pl.*	Kinder
lībertās, -ātis *f.*	Freiheit
licet, -uit	es ist erlaubt
Principes petiverunt, ut sibi de sua salute cum Caesare agere liceat.	Die Führer ersuchten darum, mit Caesar über ihr Wohlergehen verhandeln zu dürfen.
litterae, -ārum *f. Pl.*	Brief
Gallus litteras ad Caesarem defert.	Ein Gallier überbringt Caesar einen Brief.

longus, -a, -um	lang
lūx, lūcis *f.*	Licht
Pronuntiatur omnes prima luce ituros.	Es wird laut bekanntgegeben, dass alle beim ersten Morgengrauen losgehen würden.

M

magis	mehr
magistrātus, -ūs *m.*	1. Amt 2. Beamter
māgnitūdo, -dinis *f.*	Größe
manus, -ūs *f.*	1. Hand 2. Gruppe
mare, maris *n.*	Meer
medius, -a, -um	1. der mittlere 2. mitten (*z.B.* per mediōs finēs)
Caesar in colle medio aciem instruxit.	Caesar stellte auf halber Höhe des Hügels das Heer zur Schlacht auf.
memoria, -ae *f.*	1. Erinnerung 2. Zeit
Caesar memoria tenebat Lucium Cassium consulem ab Helvetiis occisum.	Caesar hatte gut in Erinnerung, dass der Konsul Lucius Cassius von den Helvetiern getötet worden war.
Tigurīni patrum nostrorum memoria L. Cassium consulem interfecerant.	Die Tiguriner hatten zur Zeit unserer Väter den Konsul L. Cassius getötet.
mīlitāris, -e	militärisch
Tribuni militum non magnum in re militari usum habebant.	Die Militärtribunen hatte keine große Erfahrung im Militärwesen.
minus *Superl.* minimē	weniger
modo	nur
modus, -ī *m.*	Art

mōns, montis *m.*	Berg
morārī, -tus sum	1. sich aufhalten 2. aufhalten
Caesar in Gallia morari constituit.	Caesar beschloss, in Gallien zu bleiben.
Caesar omnem equitatum, qui novissimum agmen moraretur, praemisit.	Caesar schickte die gesamte Reiterei voraus, die die Nachhut (der Feinde) aufhalten sollte.
mors, mortis *f.*	Tod
mōs, mōris *m.*	Sitte: 1. Lebensart 2. Tradition
movēre, mōvī, mōtum	bewegen
castra movēre	aufbrechen
Postero die hostes castra ex eo loco movent.	Am nächsten Tag brechen die Feinde von dort auf.
mūnīre, -vī, -tum	1. befestigen 2. schützen 3. befestigt anlegen (*z.B.* castra)
Menapii perpetuis paludibus silvisque muniti erant.	Die Menapier waren durch einen Ring von Sümpfen und Wäldern geschützt.
Caesar munitis castris duas ibi legiones reliquit.	Caesar legte ein befestigtes Lager an und ließ dort zwei Legionen zurück.
mūrus, -ī *m.*	Mauer

N

nam	denn
nancīscī, nactus (*oder* nānctus) sum	(zufällig) finden, bekommen
Germani praedam, quam nacti erant, relinquunt.	Die Germanen ließen die Beute, die sie gefunden hatten, zurück.
nāscī, nātus sum	entstehen
nātus	geboren, stammend ↗

Erat in Carnutibus summo loco natus Tasgetius.	Es lebte bei den Carnuten ein Tasgetius, ein Mann aus höchstem Adel.
nātiō, -ōnis f.	Volk
nātūra, -ae f.	natürliche Beschaffenheit
Oppidum et natura loci et manu munitum erat.	Die Stadt war sowohl durch die natürliche Lage als auch durch Menschenhand geschützt.
nē … quidem	nicht einmal …
Ne id quidem Caesar ab se impetrari posse dixit.	Nicht einmal das könne man bei ihm erreichen, sagte Caesar.
necessārius, - a, -um *Adv.* necessāriō	notwendig
nēve / neu	und dass nicht, und damit nicht
nihil	1. nichts 2. in keiner Weise
nisi	1. wenn nicht 2. außer
Galli nihil nisi communi consilio sese acturos confirmant.	Die Gallier versichern, sie würden nichts unternehmen außer auf gemeinsamen Beschluss.
nōmen, -minis n.	Name: 1. **Bezeichnung** 2. **Ruf**
nōnnūllī, -ae, -a	einige
nōs	wir
novus, -a, -um	neu
novissimus	der letzte
Equitatus novissimum hostium agmen consequitur.	Die Reiterei folgt der feindlichen Nachhut.
nūntiāre, -vī, -tum	melden
nūntius, -iī m.	1. **Bote** 2. **Nachricht**
Eadem fere Caesar ex nuntiis litterisque cognoverat.	Etwa dieselben Sachen wusste Caesar aus mündlichen wie schriftlichen Mitteilungen.

O

obtinēre, -uī, -tentum	**haben**
Dumnorix eo tempore principatum in civitate obtinebat.	Dumnorix besaß zu der Zeit die führende Stellung in seinem Volk.
occīdere, -cīdī, -cīsum	**erschlagen**
occupāre, -vī, -tum	**besetzen**
occurrere, occurrī, occursum	**entgegenlaufen**
officium, -iī *n.*	1. **Pflicht, Aufgabe** 2. **Gehorsam**
Caesar magnam partem Galliae in officio tenuit.	Caesar hielt einen großen Teil Galliens fest in der Hand.
omnīnō	**im Ganzen, überhaupt**
opīniō, -ōnis *f.*	1. **Vermutung** 2. **Ruf**
Omnia contra opinionem acciderunt.	Alle Dinge geschahen entgegen der Erwartung.
Treverorum inter Gallos virtutis opinio est magna.	Der Ruf der Tapferkeit der Treverer ist groß unter den Galliern.
oportet, -uit	**es ist nötig, man muss**
Ariovistus dixit Caesarem ad se venire oportere.	Ariovist sagte, Caesar müsse zu ihm kommen.
oppidum, -ī *n.*	**Stadt**
oppūgnāre, -vī, -tum	**angreifen**
opus, operis *n.*	1. **Arbeit** 2. **Befestigungsanlage**
Caesar eo opere perfecto praesidia disponit.	Nach Errichtung dieser Befestigungsanlage verteilt Caesar dort Posten.
ōrātiō, -ōnis *f.*	**Rede**
ōrdō, ōrdinis *m.*	1. **Reihe** 2. **Rang**
Hostes impetu in nostros facto ordines perturbabant.	Durch den Angriff auf unsere Leute brachten die Feinde die Reihen durcheinander. ↗

Sabīnus primorum ordinum centuriones se sequi iubet.	Sabinus befiehlt den Centurionen oberster Ränge, ihm zu folgen.
orīrī, ortus sum	**entstehen**
Orto clamore …	Nachdem sich Geschrei erhoben hatte, …
ostendere, ostendī	1. **zeigen** 2. **darlegen**
Erant hae difficultates belli gerendi, quas supra ostendimus.	Es bestanden genau die strategischen Schwierigkeiten, die wir oben gezeigt haben.
Caesar, quid sui consilii sit, ostendit.	Caesar legt dar, was er plant.

P

pābulum, -ī *n.*	Futter
paene	fast
palūs, -ūdis *f.*	Sumpf
pār; *Gen.* paris	gleich
parāre, -vī, -tum	vorbereiten
parātus	bereit
parvus, -a, -um *Komp.* minor; *Superl.* minimus	klein
patī, -ior, passus sum	zulassen
paucī, -ae, -a	wenige
pāx, pācis *f.*	Friede
pecus, -oris *n.*	Vieh
pellere, pepulī, pulsum	besiegen
perferre, -ferō, -tulī, -lātum	1. **überbringen** 2. **ertragen**
perficere, -ficiō, -fēcī, -fectum	1. **herstellen** 2. **erledigen** 3. **erreichen**
permovēre, -mōvī, -mōtum	bewegen →

permōtus	*(„Stützpartizip")* „veranlasst"
Galba frumenti commeatusque inopia permotus in provinciam reverti contendit.	Aus Mangel an Verpflegung und Nachschub kehrte Galba schnell in die Provinz zurück.
perpetuus, -a, -um	1. ununterbrochen 2. ewig
perspicere, -iō, -spēxī, -spectum	deutlich erkennen
persuadēre, -suāsī, -suāsum	1. überreden 2. überzeugen
perterrēre, -uī, -itum	erschrecken
pertinēre, -uī	1. sich ausdehnen 2. betreffen
Helvetii ea, quae ad proficiscendum pertinent, comparant.	Die Helvetier bereiten alles vor, was den Aufbruch betrifft.
perturbāre, -vī, -tum	durcheinander bringen
pēs, pedis *m.*	Fuß
plērumque	meistens
pollicērī, -citus sum	versprechen
Legati se obsides daturos polliciti sunt.	Die Gesandten versprachen, sie würden Geiseln stellen.
pōnere, posuī, positum	setzen, stellen, legen
pōns, pontis *m.*	Brücke
porta, -ae *f.*	Tor
post	1. nach 2. später
posterus, -a, -um	der folgende
postulāre, -vī, -tum	fordern
potestās, -ātis *f.*	1. Macht 2. Möglichkeit
Caesar aciem instruxit hostibusque pugnandi potestatem fecit.	Caesar stellte das Heer zur Schlacht auf und bot den Feinden die Möglichkeit zu kämpfen.

potīrī, -tus sum	in Besitz nehmen, übernehmen
Impedimentis castrisque nostri potiti sunt.	Unsere Leute eroberten den Platz mit dem Gepäck und das Lager.
praeda, -ae *f.*	Beute
praeesse, -sum, -fuī	kommandieren, befehligen
Equitatui Dumnorix praeerat.	Dumnorix kommandierte die Reiterei.
praeficere, -iō, -fēci, -fectum	den Oberbefehl übertragen
Caesar ei munitioni Labiēnum legatum praefecit.	Caesar übertrug das Kommando über diese Befestigungsanlage dem Legaten Labienus.
praemittere, -mīsī, -missum	vorausschicken
praemium, -iī *n.*	Belohnung
praestāre, -stitī	überlegen sein
Helvetii virtute omnibus praestant.	Die Helvetier sind allen an Tapferkeit überlegen.
praestat	es ist besser
Dumnorix Haeduus dicit praestare Gallorum quam Romanorum imperia perferre.	Der Häduer Dumnorix sagt, es sei besser, die Befehle von Galliern zu ertragen als die von Römern.
praeter	außer
premere, pressī, pressum	bedrängen
priusquam	bevor
probāre, -vī, -tum	1. richtig finden, billigen 2. klar machen
Caesar consilio Labiēni probato unum communis salutis auxilium in celeritate ponebat.	Caesar fand die Überlegung des Labienus richtig und setzte ganz auf die Geschwindigkeit als einzige Hilfe zur gemeinsamen Rettung.

prōcēdere, -cessī, -cessum	vorrücken
prōgredī, -ior, -gressus sum	vorrücken
Caesar milia passuum quattuor progressus multitudinem hostium conspexit.	Als Caesar vier Meilen vorgerückt war, erblickte er eine Menge Feinde.
prōnūntiāre, -vī, -tum	verkünden
prope	1. nahe an 2. nahezu
propius	1. näher an 2. näher
Vercingetorix castra propius Romanos movit.	Vercingetorix verlegte sein Lager näher an die Römer.
propinquus, -a, -um	1. nahe 2. der Verwandte
Ariovistus respondit se domum propinquosque reliquisse.	Ariovist antwortete, er habe seine Heimat und seine Angehörigen verlassen.
prōpōnere, -posuī, -positum	vor Augen stellen
Labiēnus, quid sui sit consilii, proponit.	Labienus legt seinen Plan dar.
Labienus magna proponit iis, qui Indutiomārum occiderint, praemia.	Labienus stellt Mördern des Indutiomarus große Belohnungen in Aussicht.
proptereā, quod	deswegen, weil
prōvidēre, -vīdī, vīsum	1. vorhersehen 2. sorgen (für)
prōvincia, -ae f.	Provinz
pūblicus, -a, -um	offiziell, öffentlich
rēs pūblica	Gemeininteresse
pūgna, -ae f.	Kampf
putāre, -vī, -tum	meinen

Q

quaerere, quaesīvī, quaesītum	1. untersuchen 2. fragen
Ab his quaerebat, quae civitates in armis essent.	Diese fragte er danach, welche Stämme im Kriegszustand seien.

quantus, -a, -um	1. wie groß 2. (*nach* tantus) wie
quantum *(Adv.)*	1. wie viel 2. (*nach* tantum) wie
quattuor	vier
quidem	1. jedenfalls 2. jedoch
nē … quidem	nicht einmal …
quīn	dass
quīnque	fünf
quisquam, quicquam	überhaupt jemand
quisque, quidque *(subst.)* **quisque**, quaeque, quodque *(adj.)*	jeder
quō	1. wohin 2. (*mit Komp.*) damit umso
quoniam	da ja

R

ratiō, -ōnis *f.*	1. Überlegung 2. Methode
Morīni longe alia ratione ac reliqui Galli bellum gerunt.	Die Moriner führen Krieg auf eine völlig andere Methode als die übrigen Gallier.
redūcere, -dūxī, -ductum	zurückbringen
referre, referō, rettulī, relātum	1. bringen 2. berichten
Caesar legatis mandavit, ut, quae diceret Ariovistus, ad se referrent.	Caesar trug den Gesandten auf, ihm die Worte des Ariovist mitzuteilen.
regiō, -ōnis *f.*	Gegend
rēgnum, -ī *n.*	Alleinherrschaft: 1. Diktatur 2. Monarchie
remittere, -mīsī, -missum	zurückschicken

reperīre, repperī, repertum	1. finden 2. in Erfahrung bringen
Caesar reperit ab Suebis auxilia missa esse.	Caesar bringt in Erfahrung, dass von den Sueben Hilfstruppen gesandt worden seien.
resistere, restitī	Widerstand leisten
Pīsō equo vulnerato deiectus fortissime restitit.	Piso, von dem verwundeten Pferd abgeworfen, leistete äußerst tapfer Widerstand.
respondēre, respondī, respōnsum	antworten
retinēre, -uī, -tentum	zurückhalten, festhalten
revertī, *Perf.* revertisse	zurückkehren
Legationes Caesar inita proxima aestate ad se revertī iussit.	Caesar gab den Gesandtschaften den Befehl, zu Beginn des kommenden Sommers zu ihm zurückzukehren.
rīpa, -ae *f.*	Ufer
rūrsus	wiederum

S

saepe	oft
salūs, -ūtis *f.*	1. Wohlergehen 2. Rettung
Ambiorix orat legatum, ut militum saluti consulat.	Ambiorix fleht den Legaten an, er möge sich um die Rettung seiner Soldaten kümmern.
Barbari, cum nullum reperiretur auxilium, fuga salutem petiverunt.	Als sich keine Hilfe fand, suchten die Barbaren ihr Heil in der Flucht.
satis	1. genug 2. genügend
secundus, -a, -um	1. der zweite 2. günstig
Milites superiorum temporum secundis proeliis sublati sunt.	Die Soldaten wurden mutig aufgrund der erfolgreichen Kämpfe aus früheren Zeiten.

senātus, -ūs *m.*	Senat
sententia, -ae *f.*	Meinung
sequī, secūtus sum	folgen
Nostri Helvetios sequi non potuerunt.	Unsere Leute konnten den Helvetiern nicht folgen.
servitūs, -ūtis *f.*	Sklaverei
sex	sechs
sīc	so
sīgnum, -ī *n.*	1. Zeichen 2. Feldzeichen
Caesar reliquos cohortatus milites signa inferre iussit.	Caesar ermutigte die übrigen Legionäre und befahl ihnen anzugreifen.
simul	zugleich
sine	ohne
singulī, -ae, -a	1. einzeln 2. je ein
Caesar singulis legionibus singulos legatos praefecit.	Caesar übertrug das Kommando über die einzelnen Legionen je einem Legaten.
spatium, -iī *n.*	1. Raum: **Abstand, Entfernung** 2. Zeitabschnitt
Locus aequum fere spatium a castris utriusque (= Ariovisti et Caesaris) aberat.	Die Stelle war etwa gleich weit vom Lager der beiden entfernt.
statuere, statuī, statūtum	1. feststellen 2. **beschließen**
Multis de causis Caesar statuit sibi Rhenum esse transeundum.	Aus vielen Gründen entschloss sich Caesar, den Rhein zu überschreiten.
studēre, -uī	sich bemühen
Omnes homines natura libertati student.	Alle Menschen streben von Natur aus nach Freiheit.
studium, -iī *n.*	1. Eifer 2. Interesse

sub	1. unter 2. *(temporal)* gegen
Hostes sub monte consederunt.	Die Feinde ließen sich am Fuße des Berges nieder.
Milites sub occasum *(Untergang)* solis se in castra receperunt.	Die Soldaten zogen sich gegen Sonnenuntergang ins Lager zurück.
subitō	plötzlich
subsequī, -secūtus sum	folgen
Caesar reliquas cohortes se subsequi iussit.	Caesar gab den Befehl, dass die übrigen Kohorten ihm folgten.
subsidium, -iī *n.*	1. Verstärkung 2. Hilfe
Crassus tertiam aciem laborantibus nostris subsidio misit.	Crassus schickte die dritte Heeresgruppe unseren Truppen, die sich in Schwierigkeiten befanden, zu Hilfe.
summa, -ae *f.*	Gesamtheit
Summa imperii traditur Camulogeno.	Der Oberbefehl wird Camulogenus übertragen.
superāre, -vī, -tum	1. überlegen sein 2. besiegen
Virtute nostri milites superabant.	An Tapferkeit waren unsere Soldaten überlegen.
Germanos Galli virtute superabant.	Die Gallier übertrafen die Germanen an Tapferkeit.
suprā	oben
sustinēre, -uī	aushalten

T

tēlum, -ī *n.*	Wurfgeschoss
tempestās, -ātis *f.*	Sturm, Unwetter
tertius, -a, -um	der dritte
timēre, -uī	1. fürchten 2. Angst haben
timor, -ōris *m.*	Angst

tollere, sustulī, sublātum	1. erheben (z.B. clamōrem) 2. entfernen 3. ermutigen
Toto muro clamore sublato eruptio fiebat.	Nachdem sich auf der gesamten Mauer Geschrei erhoben hatte, wurde der Ausbruch unternommen.
Hostes veriti sunt, ne omnino spes fugae tolleretur.	Die Feinde hatten Angst, dass ihnen die Hoffnung auf eine Flucht vollständig genommen werde.
Hac victoria sublatus Ambiorix in Atuatucos proficiscitur.	Durch diesen Sieg ermutigt, macht sich Ambiorix zu den Atuatucern auf.
trādere, trādidī, trāditum	1. übergeben 2. weitergeben
trādūcere, -dūxī, -ductum	hinüberbringen
trāns	1. jenseits 2. über
Hoc proelio trans Rhenum nuntiato Suebi domum reverti coeperunt.	Nachdem von dieser Schlacht jenseits des Rheins berichtet worden war, begannen die Sueben, in ihre Heimat zurückzukehren.
trēs, tria; *Gen.* trium	drei
tribūnus, -i *m.*	Tribun (*Legionskommandeur*)
tum	damals, dann, da
turris, -is *f.*	Turm

U

ūllus, -a, -um	irgendein
Sine ullo periculo multitudinem hostium nostri interfecerunt.	Ohne jedes eigene Risiko vernichteten unsere Truppen eine Menge Feinde.
ūnā	zusammen
undique	von allen Seiten
ūsus, -ūs *m.*	Gebrauch: 1. Gewohnheit, Erfahrung 2. Nutzen →

Tribuni militum non magnum in re militari usum habebant.	Die Militärtribunen hatten keine große Erfahrung in Militärangelegenheiten.
Galli oppidum, ne cui esset usui Romanis, incenderunt.	Die Gallier steckten die Stadt in Brand, damit die Römer keinen Nutzen von ihr hätten.
uterque, utraque, utrumque	**jeder**
Caesar ab utroque latere eius collis fossam duxit.	Caesar ließ an beiden Seiten dieser Anhöhe einen Graben ziehen.

V

vallum, -ī *n.*	**Wall**
verērī, veritus sum	**fürchten** (*meist Part.* veritus)
Indutiomārus veritus, ne ab omnibus desereretur (*verlassen*), legatos ad Caesarem mittit.	Aus Furcht, von allen verlassen zu werden, schickt Indutiomarus Gesandte zu Caesar.
vērō	**aber**
via, -ae *f.*	**Weg**
victōria, -ae *f.*	**Sieg**
vīcus, -ī *m.*	**Dorf**
vigilia, -ae *f.*	**Nachtwache** (*meist Angabe einer Zeitspanne*)
vīgintī	**zwanzig**
vincere, vīcī, victum	1. **siegen** 2. **besiegen**
vīs, vim, vī *f.*	1. **Gewalt** 2. **Kraft**
Ambarri non facile ab oppidis vim hostium prohibent.	Die Ambarrer halten nur schwer die Gewalt der Feinde von ihren Städten ab.
vīta, -ae *f.*	**Leben**
voluntās, -ātis *f.*	**Wille**
vulnus, -eris *n.*	**Verletzung, Wunde**

Ergänzungswortschatz

A

abdere, abdidī, abditum	verbergen
Reliqui se in proximas silvas abdiderunt.	Die Übrigen versteckten sich in den nahen Wäldern.
adesse, adsum, adfuī	da sein
adversus, -a, -um	1. entgegenstehend 2. ungünstig
aestās, -ātis *f.*	Sommer
aestus, -ūs *m.*	Flut
afficere, -iō, -fēcī, -fectum	versehen (mit etw.)
altus, -a, -um	1. hoch 2. tief
amīcus, -ī *m.*	Freund
angustus, -a, -um	eng
arcessere, -sīvī, -sītum	herbeirufen
ascendere, -scendī, -scēnsum	hinaufsteigen
Caesar Labiēnum summum iugum montis ascendere iubet.	Caesar ordnet an, dass Labienus die oberste Kuppe des Berges besteigen solle.
attingere, attigī, attāctum	berühren
Ubii Rhenum attingunt.	Das Gebiet der Ubier grenzt an den Rhein.
attribuere, -uī, -ūtum	zuteilen

C

caedēs, -is *f.*	Morden
calamitās, -ātis *f.*	Niederlage
caput, capitis *n.*	Kopf

cēdere, cessī, cessum	zurückweichen
centum	hundert
cliēns, -entis *m.*	Abhängiger
cōgitāre, -vī, -tum	sich Gedanken machen
colloquī, -locūtus sum	verhandeln
commūnicāre, -vī, -tum	1. sich besprechen 2. mitteilen
comprehendere, -prehendī, -prehēnsum	ergreifen
concēdere, -cessī, -cessum	1. erlauben 2. geben
Id Caesar concedendum non putabat.	Caesar meinte, das nicht zulassen zu dürfen.
His Caesar libertatem concessit.	Ihnen schenkte Caesar die Freiheit.
concurrere, -currī, -cursum	1. laufen 2. zusammenlaufen
cōnspicārī, -tus sum	sehen
cōnstat	es steht fest
Omnibus constabat hiemari in Gallia oportere.	Für alle stand fest, man müsse den Winter in Gallien verbringen.
cōnsulere, cōnsuluī, cōnsultum	1.überlegen 2. *(mit Dat.)* sich kümmern (um etw.)
Galli, quid agant, consulunt.	Die Gallier überlegen, was sie tun sollen.
Vos data facultate vobis consulite!	Ihr, wo es möglich ist, kümmert euch um euch selbst!
cōnsūmere, -sūmpsī, -sūmptum	verbrauchen
contrōversia, -ae *f.*	Streit
convertere, -vertī, -versum	wenden
Labienus signa ad hostem converti iubet.	Labienus befiehlt, den Feind anzugreifen.

cornū, cornūs *n.*	Flügel *(des Heeres)*
corpus, corporis *n.*	Körper
cottīdiē	täglich
crēber, crēbra, crēbrum	zahlreich
cūrāre, -vī, -tum	dafür sorgen
Dumnorix obsides inter Sequanos et Helvetios dandos curaverat.	Dumnorix hatte für den Geiselaustausch zwischen Sequanern und Helvetiern gesorgt.
cursus, -ūs *m.*	Lauf

D

dēbēre, dēbuī, dēbitum	müssen
deesse, dēsum, dēfuī	fehlen
dēfectiō, -ōnis *f.*	Aufstand
Defectione Haeduorum cognita …	Nachdem man vom Aufstand der Häduer erfahren hatte, …
dēficere, -iō, -fēci, -fectum	1. sich loslösen 2. ausgehen, zu fehlen beginnen
Dumnorix se suosque omnes ab amicitia populi Romani non defecturos confirmavit.	Dumnorix versicherte, dass er und alle seine Leute sich nicht von der freundschaftlichen Verbindung mit Rom lösen würden.
Tela nostros deficiunt.	Unseren Leuten geht die Munition aus.
dēsistere, -stitī	aufhören
Barbari oppugnatione desistunt.	Die Barbaren beenden den Angriff.
deus, -ī *m.*	Gott
dexter, dextra, dextrum	der rechte

difficultās, -ātis *f.*	Schwierigkeit
dignitās, -ātis *f.*	Würde, Ansehen
dīligentia, -ae *f.*	Sorgfalt
discessus, -ūs *m.*	Verschwinden
dispergere, -spersī, -spersum	zerstreuen
dubitāre, -vī, -tum	1. zweifeln 2. zögern
Non dubitari debet, quin Romani Haeduis libertatem sint erepturi (*entreißen*).	Es darf nicht in Zweifel gezogen werden, dass die Römer den Häduern ihre Freiheit nehmen werden.
Galli iniquo loco committere proelium non dubitant.	Die Gallier zögern nicht, an der ungünstigen Stelle den Kampf zu beginnen.
ducentī, -ae, -a	zweihundert
duodecim	zwölf
[**equester**, -tris, -tre] proelium equestre	Reitergefecht

E

excipere, -iō, -cēpī, -ceptum	aufnehmen
explōrāre, -vī, -tum	auskundschaften
expūgnāre, -vī, -tum	erobern

F

fāma, -ae *f.*	Gerücht
fīlius, -iī *m.*	Sohn
firmus, -a, -um	stark

I

ignis, -is *m.*	Feuer

incolere, incoluī, incultum	1. **wohnen** 2. **bewohnen**
Germani trans Rhenum incolunt.	Die Germanen wohnen jenseits des Rheins.
Unam Galliae partem incolunt Belgae.	Den einen Teil Galliens bewohnen die Belger.
incommodum, -ī *n.*	**Unannehmlichkeit**
Vercingetorix animo non defecerat tanto accepto incommodo.	Vercingetorix hatte trotz einer so großen Niederlage sein Mut nicht verlassen.
inquit	**sagt(e) er**
integer, integra, integrum	**unbeeinträchtigt:** 1. **unbeschädigt** 2. **vollzählig**
interclūdere, -clūsī, -clūsum	**abschneiden**
intervallum, -ī *n.*	**Zwischenraum, Abstand**
iugum, -ī *n.*	**Bergrücken**

L

labōrāre, -vī, -tum	**in Schwierigkeiten sein**
Crassus tertiam aciem laborantibus nostris subsidio misit.	Crassus schickte die dritte Heeresabteilung unseren in Schwierigkeiten befindlichen Truppen zu Hilfe.
laus, laudis *f.*	**Ruhm, Lob**
levis, -e	**leicht**
lēx, lēgis *f.*	**Gesetz**
līber, -a, -um	**frei**
longitūdō, -dinis *f.*	**Länge**

M

mandāre, -vī, -tum	**auftragen, befehlen**
Caesar Valerio mandavit, ut, quae diceret Ariovistus, ad se referret.	Caesar trug Valerius auf, ihm zu berichten, was Ariovist sagte.

maritimus, -a, -um	zum Meer gehörig
mercātor, -ōris *m.*	Händler
mōtus, -ūs *m.*	1. Bewegung 2. Aufstand
Caesar multis de causis maiorem Galliae motum exspectabat.	Caesar rechnete aus vielen Gründen mit einem größeren Aufstand in Gallien.

N

neglegere, -lēxī, -lēctum	nicht beachten
negōtium, -iī *n.*	Tätigkeit, Sache
Caesar eo celeriter confecto negotio rursus in hiberna legiones reduxit.	Nach schneller Erledigung dieser Aufgabe führte Caesar die Legionen wieder ins Winterlager zurück.
nēmō	niemand
nōbilis, -e	vornehm
nocēre, -uī, -itum	schaden
nōlle, nōlō, nōluī	nicht wollen

O

ob	wegen
occultāre, -vī, -tum	verbergen
opera, -ae *f.*	1. Tätigkeit 2. Hilfe
opportūnus, -a, -um	günstig
opprimere, oppressī, oppressum	überfallen
orāre, -vī, -tum	bitten

P

pacāre, -vī, -tum	unterwerfen

pāgus, -ī *m.*	Bevölkerungsgruppe
pater, -tris *m.*	Vater
patēre, -uī Arduenna silva milibus amplius quingentis *(500)* in longitudinem patet.	sich ausdehnen Der Ardennenwald erstreckt sich über mehr als 500 Meilen in die Länge.
pecūnia, -ae *f.*	Geld
pedes, peditis *m.*	Fußsoldat
perdūcere, -dūxī, -ductum	1. bringen, hinführen 2. ziehen (*z. B.* fossam)
pīlum, -ī *n.*	Wurfspieß
portus, -ūs *m.*	Hafen
posteā	später
postquam / posteāquam	nachdem
potēns; *Gen.* -entis	mächtig
praesēns; *Gen.* -sentis	gegenwärtig
praetereā	außerdem
prīncipātus, -ūs *m.*	Führung
procul	1. von fern 2. weit entfernt
prōdūcere, -dūxī, -ductum	herausführen
prōfugere, -iō, -fūgī	fliehen

Q

quā	wo
quārtus, -a, -um	der vierte
quīcumque, quae-, quod-	wer auch immer
quīndecim	fünfzehn
quodsī	wenn nun

R

reddere, reddidī, redditum	zurückgeben
reficere, -iō, -fēci, -fectum	wiederherstellen
remanēre, remansī	zurückbleiben
repentīnus, -a, -um	plötzlich
rēx, rēgis *m.*	König

S

scīre, scīvī, scītum	wissen
sentīre, sēnsī, sēnsum	1. denken 2. merken
Crassus omnes idem sentire intellexit.	Crassus merkte, dass alle dasselbe dachten.
Quid agatur, Germani sentire non possunt.	Die Germanen können nicht merken, was los ist.
septimus, -a, -um	der siebte
servāre, -vī, -tum	1. bewahren 2. retten
sexāgintā	sechzig
similis, -e	ähnlich
socius, -iī *m.*	Bündnispartner
sōl, sōlis *m.*	Sonne
sollicitāre, -vī, -tum	aufhetzen
sōlus, -a, -um	allein
nōn sōlum	nicht nur
speciēs, -ēī *f.*	Erscheinung
spērāre, -vī, -tum	hoffen
succēdere, -cessī, -cessum	nachrücken
supplicium, -iī *n.*	Bestrafung
suspīciō, -ōnis *f.*	Verdacht

T

tam	so
temptāre, -vī, -tum	versuchen, riskieren

tergum, -ī *n.*	Rücken
terga vertere (vertī, versum)	fliehen
terra, -ae *f.*	1. Erde 2. Land
trīduum, -ī *n.*	drei Tage
trīgintā	dreißig
tūtus, -a, -um	sicher

U

ulterior, -ius	1. jenseitig 2. entfernt
ultimus, -a, -um	der letzte
ultrō	1. noch dazu 2. von sich aus
vadum, -ī *n.*	Furt

V

valēre, -uī	Bedeutung haben
Plurimum inter Belgas Bellovacī hominum numero valent.	Gemessen an der Bevölkerungszahl haben die Bellovacer innerhalb der Belger die größte Bedeutung.
versārī, -tus sum	sich befinden
vetus; *Gen.* veteris	alt
vix	kaum
vōx, vōcis *f.*	1. Stimme 2. Wort
vulnerāre, -vī, -tum	verwunden

Repertorium

Fettdruck bezeichnet ein Wort aus dem **Basiswortschatz**, normale Schrift eines aus dem Lernwortschatz und *kursiv* gesetzt sind die Wörter aus dem *Ergänzungswortschatz*.

a / ab *abdere* abesse accedere accidere **accipere** acies acriter **ad** adducere *adesse* adire aditus administrare adoriri adulescens adventus *adversus* aedificium aequus *aestas* aestus afferre *afficere* **ager** agere agger agmen aliquis / aliqui **alius** alter altitudo *altus* amicitia *amicus* amittere amplius *angustus* animadvertere **animus** annus **ante** apertus appellare appropinquare apud arbitrari *arcessere* **arma** armare *ascendere* at **atque / ac** *attingere* attribuere auctoritas audere audire augere **aut** autem **auxilium** barbarus **bellum** beneficium bonus *caedes calamitas* **capere** captivus *caput* castellum **castra** casus **causa causā** *cedere* celeritas **celeriter** *centum* centurio certus **circiter** circumvenire **civitas** clamor *cliens* **coepi cogere** *cogitare* **cognoscere** cohors cohortari collis collocare *colloqui* colloquium commeatus committere commodus *communicare* communis comparare complere **complures** comprehendere conari *concedere* concilium *concurrere* condicio conferre **conficere** confidere confirmare conicere coniungere consequi considere **consilium** consistere conspectus *conspicari* conspicere *constat* **constituere** consuetudo consuevi *consulere* consumere **contendere** continens continere contra *controversia* **convenire** *convertere* convocare **copia** *cornu corpus cottidie creber* **cum** (Konjunktion) **cum** (Präposition) *curare cursus* **dare de** *debere* decem decimus dedere deditio deducere *deesse defectio* defendere deferre *deficere* deicere deligere demonstrare *desistere* desperare *deus dexter* **dicere dies** *difficultas dignitas diligentia* dimicare dimittere discedere *discessus dispergere* disponere diu dividere docere domus

dubitare *ducenti* ducere dum **duo** *duodecim* dux educere
efficere egredi enim **eo** **eques** *equester* **equitatus** equus
eruptio **esse** **et** **etiam** etsi evocare **e / ex** excedere *excipere*
exercitus **existimare** expeditus expellere *explorare* explorator
expugnare exspectare extremus **facere** facile facultas *fama*
fere **ferre** fides **fieri** *filius* **finis** finitimus *firmus* **flumen**
fortis fortuna fossa frater frumentarius **frumentum** **fuga**
fugere genus **gerere** gratia gravis **habere** hiberna **hic**
hiemare hiems **homo** hora hortari **hostis** huc **iam** **ibi** **idem**
idoneus *ignis* **ille** impedimenta impedire **imperare** imperator
imperium impetrare impetus **in** incendere incitare *incolere*
incolumis *incommodum* inde inferior inferre iniquus inire
initium iniuria inopia *inquit* insequi instituere instruere
insula *integer* intellegere **inter** *intercludere* **interficere** interim
intermittere *intervallum* intra **ipse** ire **is** ita itaque item
iter **iubere** iudicare *iugum* ius labor *laborare* lātus latus
laus legatio **legatus** **legio** *levis* *lex* *liber* liberi libertas licet
litterae **locus** **longe** *longitudo* longus lux magis magistratus
magnitudo **magnus** *mandare* manus mare *maritimus* medius
memoria *mercator* **miles** militaris **mille** minus **mittere**
modo modus mons morari mors mos *motus* movere **multi**
multitudo **multum** munire **munitio** murus nam nancisci
nasci natio natura **navis** **ne** ne...quidem necessarius
neglegere *negotium* **nemo** **neque / nec** neve / neu nihil nisi
nobilis *nocere* *nolle* nomen **non** nonnulli nos **noster** novus
nox **nullus** **numerus** nuntiare nuntius *ob* **obsides** obtinere
occidere *occultare* occupare occurrere officium omnino
omnis *opera* opinio oportet oppidum *opportunus* *opprimere*
oppugnare oppugnatio opus *orare* oratio ordo oriri ostendere
pabulum *pacare* paene *pagus* palus par parare **pars** parvus
passus *pater* *patere* pati pauci **paulum** pax *pecunia* pecus
pedes pellere **per** *perducere* perferre perficere **periculum**
permovere perpetuus perspicere persuadere perterrere
pertinere perturbare **pervenire** pes **petere** *pilum* plerumque
polliceri ponere pons **populus** porta *portus* **posse** post
postea posterus *post(ea)quam* postulare *potens* potestas potiri
praeda praeesse praeficere praemittere praemium *praesens*

praesidium praestare praeter *praeterea* premere **primus prior**
princeps *principatus* priusquam **pro** probare procedere *procul*
producere **proelium** **proficisci** *profugere* progredi **prohibere**
pronuntiare prope propinquus proponere **propter** propterea,
quod providere provincia **proximus** publicus pugna **pugnare**
putare *qua* quaerere **quam** quantum quantus *quartus*
quattuor **-que** *quicumque* quidem quin *quindecim* quinque
quis, qui quisquam quisque quo **quod** *quodsi* quoniam
ratio **recipere** *reddere* *redire* reducere referre *reficere* regio
regnum **relinquere reliquus** *remanere* remittere *repentinus*
reperire **res** resistere respondere retinere reverti *rex* ripa
rursus saepe salus satis *scire* secundus **sed** senatus sententia
sentire *septimus* sequi *servare* servitus sex *sexaginta* **si** sic
signum **silva** *similis* simul sine singuli *socius* sol sollicitare
solus spatium *species* *sperare* **spes** statuere studere studium
sub subito subsequi subsidium *succedere* **sui / sibi / se** summa
summus superare **superior** *supplicium* supra *suspicio*
sustinere **suus** *tam* **tamen tantus** telum tempestas *temptare*
tempus tenere *tergum* **terra** tertius timere timor tollere
totus tradere traducere trans **transire** tres tribunus *triduum*
triginta tum turris *tutus* **ubi** ullus *ulterior* ultro una
undique **unus** usus **ut** uterque **uti** *vadum* valere vallum
velle venire vereri vero *versari* *vetus* via victoria vicus
videre vigilia viginti vincere **virtus** vis vita *vix* voluntas
vox *vulnerare* vulnus